JN159761

いっしょに探検！
日本の伝統文化と芸術
三

能・狂言・歌舞伎を探検！

監修　文京学院大学外国語学部非常勤講師　稲田和浩

もくじ

第1章 能

クイズ …… 4
能ってなに? …… 6
能の題材と役者を探検! …… 8
能舞台を探検! …… 10
能の道具を探検! …… 12
能の歴史を探検! …… 14
能を鑑賞しよう! …… 16

第2章 狂言

クイズ …… 20
狂言ってなに? …… 22
狂言の役柄を探検! …… 24
狂言を鑑賞しよう! …… 26

第3章 歌舞伎

クイズ……30
歌舞伎ってどんなもの？……32
歌舞伎の役柄を探検！……34
歌舞伎の演出を探検！……36
歌舞伎の舞台を探検！……38
歌舞伎を鑑賞しよう！……40

おまけの探検

文楽……44
年表　能・狂言・歌舞伎……46

古くから受けつがれてきた
日本の文化や芸術って、
どんなものがあるんだろう？
いっしょに探検してみよう！

第1章 能

能は、音楽（はやし）に合わせて役者が舞い、物語を演じる、日本独自の舞台芸術です。

古くからあるおしばいなんだって。

ふーん、おもしろそう。

クイズ1

能を演じるときに使うものはどれ？

12ページを見よう。

1 かさ

2 面

3 人形

©PIXTA

クイズ2

能を演じる舞台の正面おくの板にかかれているのは何の絵？

10ページを見よう。

写真提供：横浜能楽堂

1. つる

©PIXTA

2. 月

3. 松

クイズ3

能の指導法や極意を書いた『風姿花伝』の著者としても知られる、この人はだれ？

14ページを見よう。

正法寺所蔵　写真提供：佐渡市

©PIXTA

1. 世阿弥
2. 千利休
3. 藤原定家

能ってなに？

能は、古くからあった芸能をもとに、室町時代に大成されました。

ミニ情報 猿楽は、奈良時代に中国から伝わった、曲芸や手品などをする芸能の散楽がもとになった。田楽は農民が田植えのときなどに演じる芸能のこと。それぞれ、「猿楽の能」、「田楽の能」とよばれた。

ミニ情報

鎌倉時代後期に猿楽や田楽を演じて見せる専門の集団ができた。このような集団を「座」という。大和国（奈良県）にあった4つの猿楽の座が後の能・狂言を演じる集団のもとになった。

能の題材と役者を探検！

現在演じられる能の演目は約250で、その多くは、日本の古典文学を題材にしています。また、主役や相手役、音楽を演奏する役などで進められます。

古典文学が題材

能の題材の多くは、『伊勢物語』、『源氏物語』、『平家物語』、『今昔物語集』、『義経記』など、能が始まったころから見て古典にあたる文学作品からとられています。

『源氏物語』を題材にした能の「葵上」　© 公益社団法人能楽協会

「夢幻能」と「現在能」

能は、大きく「夢幻能」と「現在能」に分けることができます。霊が夢の中に現れて、その場所で昔起こった物語を聞かせたり、身の上話を聞かせたりする話を「夢幻能」といいます。これに対し、実際に生きている人だけが登場する話を「現在能」といいます。

夢幻能のひとつ、「清経」　© 公益社団法人能楽協会

正式な能は「五番立」で

能は、正式には主役の役柄によって5つに分けた演目から1つずつ選び、その間に狂言をはさみながら上演します。これを「五番立」といいます。現在は、五番立が行われることはほとんどありません。

五番立の構成

初番目物
初めに演じられる能。主役が神で、世の中の平和などを祈る、おめでたい内容の演目。

二番目物
二番目に演じられる能。主役が武将の演目。戦いに敗れて死んだ武将が、供養してもらうことを求める。

三番目物
三番目に演じられる能。主役が女性などの演目。亡くなった女性の霊や、草木の精霊などが現れて供養を求める、優美な能。

四番目物
四番目に演じられる能。主役がほかの演目に入らないもの。現在能が多い。

五番目物
最後に演じられる能。主役が鬼や天狗で、活発な能が多い。

ミニ情報　能では、シテ方とワキ方の役割がはっきり分かれていて、シテ方の人がワキ方を務めたりすることはない。はやし方も同じで、自分が受け持つ楽器以外を演奏することはない。

演者の役割

能では主役のシテのほか、ワキ、ツレなどの役があります。また、歌などをうたう役割の地謡がいます。はやし方は、笛やつづみなどの楽器で演奏します。

シテ（主役）

能では主役をシテといいます。物語の最も重要な役を演じます。シテはひとりだけで、面をつけ、ごうかな衣装を着て、舞い、うたいます。シテの役者のグループをシテ方といいます。

ワキ

初めに登場して、この物語がどういう世界をえがいているのかを説明します。面はつけず、素顔で現れます。僧、山伏、旅人など現実の人で、観客の代表のような立場です。ワキを務める役者のグループをワキ方といいます。

地謡

歌、せりふ、ナレーションを担当します。4人ずつ2列に並び、シテ（主役）の気持ちや情景などを表現します。シテ方が務めます。節をつけて歌うものを「謡」といいます。

はやし方

能のはやし（音楽）を担当する人たちです。舞台の後方に横一列に並んで演奏します。笛、小鼓、大鼓、太鼓の4人で構成されます。

後見

シテの手助けをします。舞台の左後方に座り、シテに扇などを手わたしたり、衣装を直したりします。通常は2人で、3人の場合もあります。シテ方が務めます。

ミニ情報　はやし方は4種類の楽器を使うことから「能の四拍子」といわれる。楽器を演奏するときは「ヤ」、「ハ」、「ヨーイ」、「イヤー」というかけ声をかける。これは、演者への合図になる。

能舞台を探検！

能が演じられる舞台を能舞台といいます。

能舞台のつくり

能は、もともとは屋外で演じられていたため、舞台に屋根がついています。現在は能舞台ごと建物の中につくられ、能楽堂とよばれます。

能楽堂の舞台は、正面からだけでなく、横やななめ横からも見ることができるつくりになっている（横浜能楽堂）。

写真提供：横浜能楽堂

1 脇柱
向かって右手前の柱。

2 笛柱
向かって右おくの柱。

3 仕手柱
本舞台の左おくの柱。

4 後見柱
後座（7）の左おくの柱。

5 鏡板
正面おくの板。年老いた松の木がえがかれている。

6 地謡座
地謡が座る場所。前後2列に4人ずつ座る。6人の場合もある。

7 後座
はやし方と後見がいる場所。

8 きざはし
本舞台の中央にある短い階段。白州ばしごともいう。

9 本舞台
能舞台の中心の正方形の部分。

10 白州
白い石をしきつめたところ。能舞台が屋外にあったころのなごり。

ミニ情報
能舞台には、客席との間をしきるカーテンのような幕はない。始まるときには、観客の見ている前で、何もない舞台にはやし方や地謡が現れ、決まった位置につく。

鏡の間は、シテが面をつけて出番を待つ場所。大きな鏡がある。

「鏡の間」津村禮次郎　© TOSHIRO MORITA
写真出典：the 能ドットコム（https://www.the-noh.com/jp/）

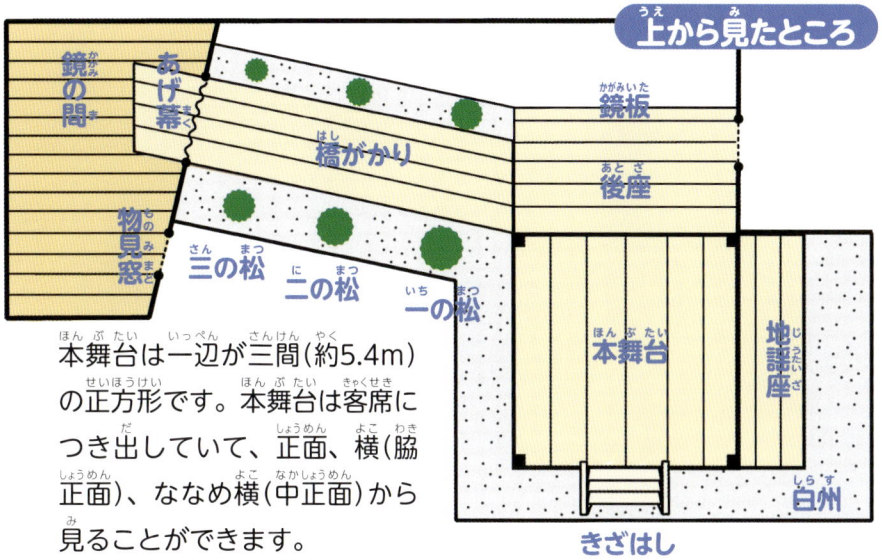

本舞台は一辺が三間（約5.4m）の正方形です。本舞台は客席につき出していて、正面、横（脇正面）、ななめ横（中正面）から見ることができます。

⑪目付柱
向かって左手前の柱で、面をつけている人が方向を確認する目印になる。

⑫橋がかり
本舞台から左ななめ後ろにのびている廊下のような場所。本舞台への登場、本舞台からの退場のときにここを通る。

⑬あげ幕
楽屋である「鏡の間」と橋がかりの間にかかける5色の幕。

⑭物見窓
あげ幕の横のかべにある窓。楽屋である「鏡の間」から舞台や客席の様子を見る。「奉行窓」ともいう。

⑮一の松
本舞台にいちばん近い松。

⑯二の松
一の松の向かって左の松。

⑰三の松
あげ幕にいちばん近い松。

一の松が最も大きく、三の松が最も小さい。遠くのものほど小さく見える遠近法を利用して、おくゆきを表している。

屋外で演じられる薪能

夏の夜などに、屋外に舞台をつくって能が行われることもあります。たきぎ（かがり火）をたくことから、「薪能」とよばれます。

たきぎ能の様子。屋外につくられた舞台の上で演じられる。

© 公益社団法人能楽協会

ミニ情報　能のシテ（主役）が準備をする鏡の間は神聖な場所とされている。演目「翁」を演じるときは、鏡の間に神だなをつくり、もちや塩をそなえる。

能の道具を探検！

能では、役柄によって決まった面や冠をつけます。簡単な舞台道具を使う演目もあります。

能面

能では、役柄に応じた面があります。基本となるのは約60種類です。上向きにすると明るい表情を、下向きにすると悲しい表情を表すことができます。面をつけないことは、「直面」といいます。

写真：金沢能楽美術館
尾山神社蔵

小面

若い女性の役のときにつける面。髪を真ん中で分け、ほおがふっくらしている。

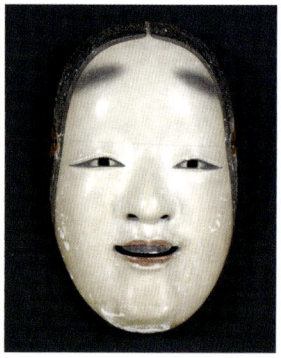

般若

角が生え、髪が乱れ、目が金色の面で、鬼になった女性の心を表している。

小尉

神様が老人になって現れる時などにつける面。「尉」は、老人の面であることを表す。

白式尉・黒式尉

演目「翁」（→17ページ）でつける。顔の部分とあごの部分が分かれ、ひもで結ばれている。

大癋見

下あごに力を入れて、口をかたく結んだ顔の鬼神面（癋見）のうち、主に天狗役で用いる面。

輪冠

頭にのせる金色の冠です。月、きつね、つる、かめなど、役柄に合わせた輪冠があります。金属製か、金箔をはってつくられています。

演目「羽衣」の牡丹のついた輪冠

© 公益社団法人能楽協会

舞台道具

能ではあまり舞台道具を使いませんが、竹と布でつくった「作り物」とよばれる簡素な道具を使う場合があります。その道具で、舟などの乗り物や、塚などを表します。

竹わくと白い布の本体の前後に半円の竹をつけ、舟を表す。

© 公益社団法人能楽協会

「土蜘蛛」という演目で、くもの巣をかたどり、くもの精霊がいる塚を表す。

© 公益社団法人能楽協会

ミニ情報 能面は「おもて」ともいう。顔を上向きにして明るい表情にすることを「テラス」、顔を下向きにして悲しい表情にすることを「クモラス」という。

役柄と装束

能では演じる役柄によって、装束(衣装)が決まっています。能の装束は、もともと室町時代のころの人々が着ていたものでしたが、ししゅうや金銀の箔をほどこすなど、しだいにごうかになっていきました。

天人

天人がはおる「長絹」という上着には、天女の羽衣に見立てた文様がある。頭には、「天冠」というはなやかなかざりの冠をのせる。

© 公益社団法人能楽協会

武将

はおった「長絹」が、よろいをつけていることを表す。長絹の右肩をぬいでいると、戦っていることを表す。

© 公益社団法人能楽協会

神様

横に広がる「大口」というはかまをつけ、「狩衣」という上着の、裏地のあるものをはおる。

© 公益社団法人能楽協会

鬼

頭につけるかつらを「仮髪」という。鬼は、赤毛で長い「赤頭」という仮髪をつける。仮髪には、ほかに黒頭、白頭などがある。

© 公益社団法人能楽協会

扇

能役者が舞台に出るときは、みな扇をもっています。舞うときには、手にもった扇を広げます。扇には絵柄でいろいろな種類があり、役柄によって使い分けます。

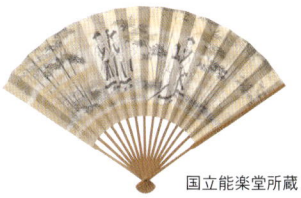

国立能楽堂所蔵

尉扇

僧役、老人の役がもつ扇。中国風の絵柄がかかれている。

修羅扇

武将役がもつ扇。勝ち修羅扇と負け修羅扇がある。波にしずむ夕日の絵があるのは負け修羅扇。

国立能楽堂所蔵

国立能楽堂所蔵

翁扇

演目「翁」で、翁役がもつ扇。仙人が住むという蓬莱山の絵がかいてある。

ミニ情報 古い時代には貴族や身分の高い武士の着物を能の装束にしていたが、後に能専用の装束がつくられるようになった。最もごうかな能装束は、女性役の上着に用いられる「唐織」。

能の歴史を探検！

現在につながる能を大成したのは、観阿弥・世阿弥の親子とされています。その後も、能は受けつがれ、日本の伝統芸能として今も上演されています。

散楽から猿楽へ

奈良時代に、唐（中国）から散楽という芸能が伝わりました。散楽は曲芸などを見せるもので、その後、猿楽とよばれるようになりました。

いっぽう、平安時代中期には、農村で田楽という芸能が行われ、能のもとのひとつになりました。

散楽の様子

正宗敦夫 編『舞圖：信西古樂圖』，日本古典全集刊行會，1929.
国立国会図書館デジタルコレクション
https://dl.ndl.go.jp/pid/1085928（参照 2025-02-13）

観阿弥が新しい能をはじめる

室町時代に、大和国（現在の奈良県）の猿楽師だった観阿弥が、農村で行われていた田楽の要素を猿楽に取り入れて、新しく能を始め、大成させました。

観阿弥の像　名張市

世阿弥が能の演目をつくる

観阿弥の子どもの世阿弥が、観阿弥の作風をさらに進め、『源氏物語』や和歌などの古典に学び、「夢幻能」という形式や「序・破・急（導入、展開、完結）」の構成を生み出し、多くのすぐれた演目をつくりました。また、能を論じた『風姿花伝』や『花鏡』などの書物を著しました。

世阿弥の像　正法寺所蔵　写真提供：佐渡市

世阿弥が論じた「幽玄」と「花」

世阿弥は能を論じた書物、『風姿花伝』の中で、見る人の心をつかむ演劇の美を、「幽玄」、「花」と表現しています。

「幽玄」は、優雅な美であり、それを舞台で表し、観客に感動をあたえることが「花」であるといいます。また、「秘すれば花なり、秘せずば花なるべからず（秘密にすれば花となり、秘密にしないと花にはならない）」とも述べています。

ミニ情報　世阿弥（1363～1443年）は能役者でもあり、能作家でもあった。幼いころから室町幕府三代将軍、足利義満たちにかわいがられていた。

武士の芸能になる

江戸時代になると、能は武士の芸能として幕府や大名たちに保護され、能楽師は幕府や藩にめしかかえられました。

江戸城には能舞台がつくられ、めでたいことがあると、町人たちもまねかれて能を鑑賞することができました。

江戸城で行われた能

「町人能図」（法政大学能楽研究所蔵）

寺子屋で謡を教える

江戸時代には、能の「謡（謡曲）」をうたうことが裕福な町人たちの間で流行しました。子どもたちが学んだ寺子屋でも、「読み、書き、そろばん」と並んで謡のけいこが行われることもありました。

寺子屋で謡をけいこするこども。

「寺子屋小謡図版画」
（法政大学鴻山文庫蔵）

能の流派

観阿弥と世阿弥の後、大和猿楽が能の主流となり、そこからいくつかの流派に分かれました。シテ方、ワキ方など、それぞれに流派があり、シテ方では、現在まで5大流派が続いています。

シテ方の5大流派

- 観世流
- 金春流
- 宝生流
- 金剛流
- 喜多流

明治時代に復活

明治時代になると、幕府や大名の保護がなくなったため、能は一時おとろえました。しかし、1876（明治9）年に、明治天皇の前で初演された天覧能によって勢いを取りもどしました。

第二次世界大戦直後の混乱期にも打撃を受けましたが、日本の伝統文化として海外にも紹介されるなど、現在にまで受けつがれています。

1878（明治11）年に行われた天覧能の様子

「青山御所能舞台演能図」（法政大学能楽研究所蔵）

ミニ情報　世阿弥が書いた『風姿花伝』は、父の観阿弥から教えられたことをもとにしたもの。7歳から50歳までの年齢ごとのけいこの心構えや、「幽玄の美」についての解説などが書かれている。

能を鑑賞しよう！

能にはたくさんの演目があります。代表的な演目を鑑賞してみましょう。

羽衣

天から降りてきた天女が、水浴び中に羽衣を人間にかくされて天に帰れなくなってしまうという「羽衣伝説」を題材にしています。天女は伝説では人間の妻になりますが、能では羽衣を返してもらい、天に帰ります。

天女の羽衣を表す「長絹」という上着を着て舞う。

© 公益社団法人能楽協会

ある朝、三保の松原に住む漁師の白龍は、松の枝にかかった美しい衣を見つけ、家に持ち帰ろうとします。そこへ現れた天女が、「それは自分のものだから返してほしい」といいます。白龍は心を動かされ、「舞いを見せてもらう代わりに衣を返す」というと、天女は衣を着けて美しく舞い、富士山のほうに舞い上がります。

天女は、天上の世界の人であることを示す輪冠をつけている。

© 公益社団法人能楽協会

道成寺

紀州（和歌山県）の道成寺にまつわる伝説をもとにした演目です。落ちてくる鐘にシテ（主役）が飛びこむなどの見せ場がたくさんあります。鐘が落ちたり、つり上げられたりと、空間を垂直方向に使う演目です。

© 公益社団法人能楽協会

うらみをいだいて死んだ女の霊が現れ、後半でへびに姿を変える。

道成寺には、昔、うらみをいだいた女がへびに変身してうらみの相手の男を寺の鐘ごと焼き殺すというできごとがありました。その鐘が再興された日に現れた女が、舞いを舞いながら鐘に近づき、鐘を落としてその中に入ってしまいます。僧たちがいのり、鐘を引き上げると、鐘の中から女が変身したへびが現れます。へびはほのおで自分の身を焼き、近くの日高川に飛びこんで消えていきます。

舞台の中央に鐘がつり下げられている。

ミニ情報 ワキ方の流派には、宝生流、福王流、高安流の３つがある。そのほか、はやし方の笛方、小鼓方、大鼓方、太鼓方にもそれぞれ流派がある。

隅田川

愛するわが子をさらわれ、正気を失ってしまった母親が登場します。このような女性が登場する演目はいくつかあります。夫や子どもと引きはなされた女性が精神を病んでしまうものの、愛する人に再会して正気を取りもどす話が多いのですが、「隅田川」は、子どもに会えず、悲しい物語になっています。

© 公益社団法人能楽協会

ある春の日、隅田川の舟のわたし場に、子どもをさらわれ正気を失った女が、子どもを探しにやってきます。女が舟に乗ると、船頭が、一年前にこの場所で梅若丸という少年が亡くなり、今日はその一周忌だと語ります。女はそれが自分の子だとさとり、梅若丸をほうむった塚に行き、その前で念仏を唱えます。すると、梅若丸の亡霊が現れますが、母がだきしめようとするとその手をすりぬけ、やがて消えていきます。

船頭が亡くなった少年の話をくわしくすると、女はそれがわが子であると確信せざるを得なくなり、泣き出す。

持っているささは、正気を失っていることを表している。　© 公益社団法人能楽協会

翁

「翁」は能の中で特別な演目です。能が完成する前の古い芸能の形が残っていると考えられます。物語らしい物語はなく、天下泰平などをいのる舞いが行われます。神聖な演目とされ、正月やお祝いの会など、おめでたいもよおしのはじめに上演されます。

翁は舞台上で面をつけ、神に変身する。　© 公益社団法人能楽協会

千歳という役が舞ったあと、翁の役が登場し、舞台の上で、翁の面をつけます。面をつけることにより、神に変身したことを表します。翁は世の中が平和であることを願う謡をうたい、舞いを見せます。そのあと、翁は面をとって、千歳とともに退出していきます（流派によっては千歳は退出しない）。そのあと、三番叟という役が舞いを舞います。

翁が退場したあと、三番叟の役が登場して舞いを舞う。

© 公益社団法人能楽協会

ミニ情報　能のひとつの演目の上演時間は60～90分。前半と後半が分かれているものを二場物、分かれないものを一場物ということがある。

敦盛

源氏との一の谷の合戦で、若くして戦死した平敦盛を題材にした演目です。敦盛は笛の名手でもありました。敦盛を討ち取った武将で、今は僧になっている蓮生の心情をえがいた話となっています。

© 公益社団法人能楽協会

蓮生の前に草刈りの男たちが現れ、ひとりだけ残る。

一の谷の合戦で敦盛を討ち取った源氏の武将、熊谷直実は、世の無常を感じ、蓮生と名乗る僧になって敦盛の供養のために一の谷を訪れました。そこに笛の音がして男たちが現れます。そのうちの一人が「自分は敦盛に縁のある者で、経をあげてほしい」と言って姿を消します。その夜、蓮生が敦盛の供養をしていると、敦盛の霊が現れます。敦盛は、「以前は敵味方だったが今は友である」といい、いくさのときなどの話をしたあと、蓮生に供養をたのんで消えていきます。

敦盛の霊が現れ、蓮生に昔のできごとなどを語る。

© 公益社団法人能楽協会

葵上

平安時代の長編小説『源氏物語』を題材とした演目です。葵上は、『源氏物語』の主人公である光源氏の正妻で、もののけ（悪さをする霊）に取りつかれている設定ですが、葵上は登場せず、舞台手前に置かれた着物で表現されます。

© 公益社団法人能楽協会

舞台の正面手前に置かれている小袖（着物）が、もののけに取りつかれて苦しんでいる葵上を表している。

苦しむ葵上のために、もののけの正体をあばくことになり、みこ（神様に仕える女性）がよばれました。そして現れたのが、源氏の恋人である六条御息所の霊でした。六条御息所は、しっとのあまり、霊となって葵上を苦しめていたのです。そこで、強い法力（仏教の修行で得た力）をもつ横川の小聖がよばれます。小聖がいのると六条御息所のしっと心が鬼となって現れ、葵上と小聖をおそいます。激しい戦いの末、小聖の法力がまさり、六条御息所の霊は成仏します。

六条御息所のしっと心が鬼の姿となって現れる。

© 公益社団法人能楽協会

ミニ情報 能の演目の多くは室町時代につくられたが、その後も新しい作品がつくられてきた。20世紀にも創作が行われ、歴史や西洋の文化、社会問題など、さまざまな題材の演目が上演されている。

井筒

平安時代に書かれた歌物語『伊勢物語』にある「筒井筒」という話をもとにした演目です。幼いころからなれ親しんで結ばれた男女のうち、女の霊が夢に現れて昔を思い出すという幻想的な能です。世阿弥の作品で、世阿弥自身も最上級の作品である（「上花也」）と述べています。

© 公益社団法人能楽協会

井筒（井戸の周りの囲い）を表す舞台道具が使われる。

女が、業平の形見の衣などを着て、業平を思いながら舞う。

旅の僧が、大和国（奈良県）の在原寺に立ち寄ります。そこに里の女が現れ、在原業平と紀有常の娘の恋物語を語ります。幼いころから親しかった二人は大人になって結ばれたのです。女は自分は紀有常の娘であると言って姿を消します。夜になって、僧が寝ていると、夢に女の霊が現れ、業平の形見を身に着け、業平をしたいながら舞います。やがて夜が明けると、女は姿を消していて、僧は夢からさめました。

© 公益社団法人能楽協会

高砂

平安時代前期の『古今和歌集』仮名序（序文）にある「高砂、住の江の松も、相生のようにおぼえ」とある部分をもとにつくられました。おめでたい折の演目です。結婚式などで、「高砂やこの浦舟に帆をあげて…」とうたわれる謡は、この演目がもとになっています。

© 公益社団法人能楽協会

高砂の浦で松の精霊である老夫婦が現れる。一般に、年老いた松は特にめでたいものとされる。

九州の阿蘇神社の神主、友成は、都に行く途中、播磨国（兵庫県）の高砂の浦に立ち寄り、老夫婦と出会います。老夫婦は、「この松は高砂の松で、住吉にある住の江の松と合わせて相生の松とよばれている。自分たちは松の精である」などと話し、小船で沖へ出ていきます。友成も舟で住吉に向かうと、住吉明神が現れ、めでたい舞いを舞うのでした。

住吉明神が現れ、世の中の平和を祝って舞う。

© 公益社団法人能楽協会

ミニ情報 2008年に、能楽（能・狂言）は、ユネスコの無形文化遺産に登録された。室町時代から600年以上受けつがれてきた舞台芸術が、国際的に認められた。

第2章 狂言

狂言はおもしろみやこっけいさをもつ演劇です。能と同じころから演じられてきました。

おもしろいお芝居だって。

見てみたいなあ。

クイズ1

狂言が、能とちがうところは次のうちどれ？

22～23ページを見よう。

❶せりふがない。

❷おもしろい話が多い。

❸舞台では演じない。

万作の会　撮影：政川慎治

クイズ 2

狂言「棒縛」で、出かける主人が、ふたりのめしつかいをしばった理由は？

26ページを見よう。

1. ふたりが主人の酒をこっそり飲まないようにするため。
2. ふたりが主人のもとからにげないようにするため。
3. ふたりがけんかをしないようにするため。

クイズ 3

狂言に動物は登場する？

25ページを見よう。

1. 登場しない。
2. さるだけ登場する。
3. 何種類も登場する。

狂言ってなに？

狂言は、能とともに発展してきました。

ミニ情報 能と狂言は古くから深い関係があった。能と能の間に狂言が演じられ、ときには狂言師が能に登場することもある。能と狂言をあわせて「能楽」とよばれる。

ミニ情報 狂言はせりふ中心の演劇だが、謡や舞い、語りなどが入ることもある。また、コーラス的な役割の地謡が、シテ（主役）の心情などをうたうこともある。

狂言の役柄を探検！

狂言では、庶民が主役になることが多く、動物が登場する演目もあります。

太郎冠者

主(主人)や大名に仕える第一の従者(家来)。「冠者」は使用人の意味で、「太郎」は一番めであることを表します。お調子者であったり、演目によって性格がちがいます。

次郎冠者

太郎冠者に次ぐ、第二の従者です。太郎冠者の後輩で、太郎冠者を支える立場などを務めます。さらに三郎冠者が登場する場合もあります。

主(主人)

太郎冠者たちを使う立場で、人使いがあらいこともあります。太郎冠者といっしょになって調子に乗ってうかれる主が登場することもあります。

太郎冠者(中央)と、次郎冠者(左)と、主(右)。主は長かみしもをつけ、短刀をさしている。　万作の会　撮影：政川慎治

山伏

山野をめぐって修行をし、特殊な能力(法力)を備えた人。狂言では、自分の力を過信していばっている人物としてえがかれます。

万作の会　撮影：政川慎治

僧

坊さん。出家ともいいます。厳しい修行を積んだはずですが、狂言では欲にとらわれる人物としてえがかれます。

万作の会　撮影：政川慎治

ミニ情報　現在、狂言の演目は約260曲あるとされている。そのうち、約100曲に太郎冠者が登場し、さらに約50曲で主役を務める。

大名

地方の小さな領主です。それほどの力はないのに、目下の者にえらぶって失敗するといった人物としてえがかれます。

万作の会　撮影：政川慎治

鬼

おそろしいはずの鬼ですが、どことなくユーモラスにえがかれます。人間を困らせようとしても、たいてい失敗します。

万作の会　撮影：政川慎治

女

狂言では「わわしい（口うるさい）女」と表現されます。したたかで夫に腹を立てる一方で、夫への思いやりを見せることもあります。

万作の会　撮影：政川慎治

すっぱ

詐欺師を意味します。いなか者をたくみな話術でだますなど、ずるさや調子のよさをもつ人物としてえがかれます。

万作の会　撮影：政川慎治

さる

「靱猿」（→27ページ）などの演目に登場します。「靱猿」では、小学校低学年くらいまでの子役がさるを演じます。

万作の会　撮影：政川慎治

きつね

「釣狐」などの演目に登場します。モンパという布で全身をおおい、きつねの面をつけて演じます。

万作の会　撮影：政川慎治

ミニ情報　狂言師は、「靱猿」で初舞台を務め、いろいろな役を経て、「釣狐」のきつねを演じると、一人前として認められる。このことから「さるに始まり、きつねに終わる」といわれる。

狂言を鑑賞しよう！

狂言の代表的な演目を紹介します。

棒縛

太郎冠者と次郎冠者は、主が外出すると、いつも酒をぬすみ飲みします。主は、二人を自由に動けないようにして外出しますが、二人は酒蔵に入り、酒を飲んで盛り上がります。そこへ主が帰ってきて大さわぎになります。

太郎冠者(右)は手を棒にしばりつけられ、次郎冠者(左)は後ろ手にしばられる。それでも酒が飲みたい二人は、協力して酒蔵のとびらを開けて酒を飲み始める。

万作の会　撮影：政川慎治

附子

主が太郎冠者と次郎冠者におけを見せ、「この中には猛毒が入っているから近づかないように」と言って外出した。しかし、おけを見ると中には砂糖が。それを、すっかりなめてしまった二人は、たくみに言い訳をします。

主がうそをついて出かけていったことに気づいた太郎冠者と次郎冠者は、砂糖をすっかりなめてしまう。その後、貴重な茶碗などをこわし、「茶碗をこわしたので、毒を飲んで死のうとした」と言い訳する。

万作の会　撮影：政川慎治

ミニ情報　舞台で狂言を演じる人や団体を、狂言師または狂言方という。狂言の主役は「シテ」、その相手役を「アド」という。同じ狂言師がシテを務めることもアドを演じることもある。

靭猿

太郎冠者とともに狩りに出かけた大名が、猿曳(さる回し)に出会い、「さるの皮をうつぼ(矢を入れる筒)のかざりにしたいのでさるを貸せ」といいます。猿曳はやむなく承知しますが、さるはけなげに芸を始めます。その様子に猿曳は泣き出し、大名も泣いてさるを助けます。

けなげなさるを演じるのは子どもの役者。猿曳が、さるを助けてもらったお礼にめでたい歌をうたうと、大名はきげんをよくし、太刀などをあたえ、自分もさるのまねをしておどり出す。

万作の会　撮影：政川慎治

福の神

二人の男が福の神の社に年こしのお参りに来ると、福の神が現れます。福の神は酒を飲みたいといい、二人は酒を捧げます。福の神は二人に、「豊かになるには、心持ちをよくしなさい」とさとし、さらに、早起きや夫婦なかよくすることの大切さなどを説いて、うたい舞い、笑って去っていきます。

狂言に登場する神様は、酒をさいそくしたり、よめをむかえたりするなど、人間のような行いをし、親しみやすさをもってえがかれることが多い。

万作の会　撮影：吉川信之

ミニ情報　狂言の言葉は、室町時代の上方（京都・大阪）の言葉がもとになっていると考えられている。主が太郎冠者を追いかけるときの「やるまいぞ（にがさないぞ）」など、独特の言い回しがある。

柿山伏

修行の帰りに空腹になった山伏が、近くの柿の木に登って柿を食べていました。そこへ畑の主がやってきて、山伏に気づかないふりをして「カラスやさるのしわざだ」というので、山伏はその鳴きまねをします。そして、「トビなら飛べるだろう」といわれると、山伏はつい飛んでしまいます。

修行を積んでいるはずの山伏が、いやしい気持ちを起こしたことから畑の主にからかわれて失敗する様子をえがく。さまざまな難題に困る山伏の様子が笑いをさそう。

万作の会　撮影：政川慎治

蚊相撲

太郎冠者しか従者がいない大名が新しい従者をやとおうとします。太郎冠者が相撲が得意という男を連れてきたので、大名は喜んで相撲をとります。ところが、男は蚊の精霊だったため、大名はさされてしまいます。蚊の精霊だと気づいた大名は、次の勝負で太郎冠者にうちわであおがせます。

蚊の精霊を演じる狂言師がつける面は「うそふき」というもので、ひょっとこに似ている。口にくわえた棒は、蚊の針を表している。うちわであおがれた蚊の精霊は、ふらふらしてしまう。その様子がおもしろい。

万作の会　撮影：政川慎治

ミニ情報　狂言では、女性の役も男性が演じる。化粧はせず、約５ｍもある白い布（「美男かずら」という）を頭に巻き、顔の両側にたらして、はしを帯にはさむ（→ 25 ページ）。

武悪

勤めをおこたっている従者の武悪を殺すように主から命じられた太郎冠者ですが、殺したことにしてにがしてやります。その後、3人は外出先ではち合わせしてしまい、太郎冠者は武悪のことを、武悪の亡霊だとごまかします。武悪は亡霊のふりをして、主をあれこれとおどします。

主の命で武悪をうとうとする太郎冠者だったが、武悪との友情からうつことができず、にがしてやる。主には武悪をうったと、うその報告をする。

万作の会　撮影：政川慎治

瓜盗人

畑の瓜がぬすまれ、かかしをこわされたことに腹を立てた畑の主が、みずからかかしになります。そこへ瓜の盗人が現れます。盗人は、かかしが畑の主と気づかず、祭礼で演じる罪人役のけいこをします。かかしがたたくので盗人が不思議がっていると、畑の主が正体を現し、盗人をこらしめます。

かかし役の狂言師がつける面は、「蚊相撲」で蚊の精霊役がつける面と同じ、「うそふき」。

万作の会　撮影：政川慎治

狂言の面

狂言では面をつけることはあまりありませんが、神様や鬼、動物などを演じるときは、面をつけます。また、老人など素顔では演じにくい役も面をつけます。

武悪

鬼の面。狂言の面は、能の面とちがって、どことなく愛きょうがある。

うそふき

「蚊相撲」の蚊の精霊のほか、ねずみやたこなど、動物の精霊を演じるときにつける。「うそふき」とは、「口笛をふく」という意味。

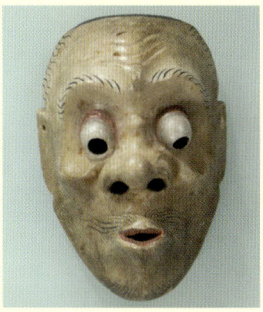

賢徳

馬、牛、かになどの精霊を演じるときにつける。視線を正面からそらし、上の歯で下のくちびるをかんでいる表情につくられている。

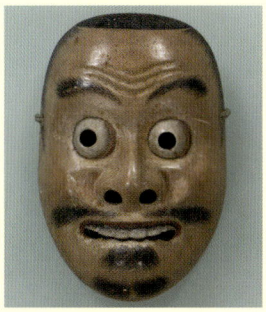

乙御前

美人ではない、若い女を演じるときにつける。ふっくらしたほおにつくる。

出典：ColBase（https://colbase.nich.go.jp/）

ミニ情報　江戸時代には、和泉流、大蔵流、鷺流という3つの狂言の流派があった。鷺流が明治時代におとろえ、現在は、和泉流と大蔵流の2つの流派が続いている。

第3章

歌舞伎

歌舞伎は、長い間、庶民の人気を集めてきた演劇です。昔は〝芝居〟といえば、歌舞伎をさしました。

はなやかな
イメージがあるよ。

クイズ1

歌舞伎が大人気になったのはいつごろ？

32〜33ページを見よう。

1 平安時代

2 鎌倉時代

3 江戸時代

クイズ 2

歌舞伎を演じる役者の特ちょうは？

34ページを見よう。

1. 女性だけ
2. 男性だけ
3. 子どもだけ

©PIXTA

クイズ 3

歌舞伎が演じられる舞台にあるのは？

39ページを見よう。

1. 花道
2. けもの道
3. 山道

歌舞伎ってどんなもの？

歌舞伎は、舞台の上で演じられる演劇です。役者のしぐさや舞台のしかけなどにさまざまな工夫をこらし、観客を楽しませます。江戸時代には、庶民の最大の娯楽のひとつでした。

人気の演目のひとつ「義経千本桜」の場面。演じているのはすべて男性。　© 松竹株式会社

始まりは「かぶきおどり」

1603年、京都で出雲阿国という女性が率いる一座が演じたおどりが評判になりました。阿国らは、男性の格好で歌とおどりを見せていましたが、芝居も取り入れるようになり、やがて長い演劇へと変わっていきました。これが歌舞伎の始まりだといわれています。

人々の目をひく奇抜な格好や行動をすることは「かぶく」といわれました。出雲阿国たちは、新しく、めずらしい格好でおどったことからそのおどりは「かぶきおどり」とよばれました。最先端のおどりやファッションに、大勢の人々が目をひかれたのです。

その後、若い男性が演じる若衆歌舞伎が行われましたが、女性や若者が演じる歌舞伎は禁じられました。

出雲阿国たちが演じたかぶきおどり。舞台の上で、刀をかたにかけているのが阿国。

写真提供：@KYOTOMUSE（京都国立博物館）

当時、最先端の演劇だったんだね。

ミニ情報　出雲阿国は、みずから出雲大社のみこ（神に仕える女性）だといっていたが、くわしいことはわかっていない。京都の北野神社の境内に専用の舞台をつくっておどりを見せていたといわれている。

人気役者が登場する

17世紀前半に、大人の男性だけの野郎歌舞伎が演じられるようになりました。

浄瑠璃（人形をあやつって演じる芝居）の作者として有名な近松門左衛門が書いた台本が歌舞伎でも使われるようになりました。

江戸で初代市川團十郎が、上方（大阪・京都）で坂田藤十郎や芳澤あやめといった歌舞伎役者が人気となりました。市川團十郎は力強い荒事、坂田藤十郎は優美な演技の和事が特ちょうでした。

初代坂田藤十郎

東京都立中央図書館加賀文庫 所蔵
『野良関相撲』（部分）

初代市川團十郎　国立劇場蔵

庶民の最大の娯楽に

歌舞伎はやがて庶民の人気を集めるようになりました。人気の役者も多数出て、江戸時代中期には、庶民の最大の娯楽として楽しまれました。着物の柄などが役者から流行することがありました。

歌川豊国　中村座場内図（太田記念美術館蔵）

江戸時代の芝居小屋の様子。観客がぎっしりつめかけている。

弁慶格子柄の着物姿の町娘。

出典：国立国会図書館ウェブサイト（https://dl.ndl.go.jp/pid/1302735）

着物の柄の市松模様の由来になった佐野川市松。

東洲斎写楽作「三代目佐野川市松の祇園町の白人おなよ　正面」東京国立博物館所蔵
Image: TNM Image Archives

うちわにえがかれた役者の絵。

出典：国立国会図書館ウェブサイト（https://dl.ndl.go.jp/pid/9369194/1/15）

役者絵（歌舞伎役者をえがいた浮世絵）。人気の歌舞伎役者の絵が売られていた。

出典：国立国会図書館ウェブサイト（https://dl.ndl.go.jp/pid/1311921/1/2）

出典：国立国会図書館ウェブサイト（https://dl.ndl.go.jp/pid/1311921/1/1）

ミニ情報　江戸時代には電灯がなかったので、芝居（歌舞伎）は、夜明けから夕方まで行われた。ひとつの芝居がその日のうちに終わらないこともあった。

歌舞伎の役柄を探検！

現代の歌舞伎では、すべての役を男性の役者が演じます。女性の役を演じる役者を女形とよびます。

立役

男性の役やその役を演じる役者を立役といいます。立役はもともと善人の男性役をさしていましたが、現在は男性役をまとめて立役とよびます。立役の中にも色男（二枚目）、敵役（悪人）、老け役（老人）、若衆（少年）など、さまざまな役があります。

「仮名手本忠臣蔵」の大星由良之助。善人で深い考えをもつ人物で、代表的な立役。

© 松竹株式会社

敵役

「助六由縁江戸桜」に登場する意休は、代表的な敵役。金持ちの悪人としてえがかれる。

© 松竹株式会社

老け役

「ひらかな盛衰記　逆櫓」の漁師権四郎。孫をもつ老人で、老け役の例。

© 松竹株式会社

若衆役

若衆役のひとつ、「雷神不動北山桜」の少年。頭頂部の髪を残す、成人前の姿をしている。

© 松竹株式会社

ミニ情報　芝居小屋の看板の１枚めに一座の座頭、２枚めに美男子役の役者、３枚めに道化役の役者の名前を書いた。美男子を二枚目、おどけておもしろい男性を三枚目というのはここからきている。

女形（女方）

女性の役やその役を演じる役者を女形といいます。「おやま」ということもあります。若い女性からお姫様、奥様、女房、おばあさんなど、さまざまな女性役があります。一座の中で最高位の女形を「立女形」といいます。

立女形

「仮名手本忠臣蔵」の戸無瀬を演じる立女形。　© 松竹株式会社

若女形

「寿曽我対面」の化粧坂の少将。若く美しい女性の役が若女形。　© 松竹株式会社

女房

「新皿屋舗月雨暈」のおはま。主人公、魚屋宗五郎の女房（妻）の役。　© 松竹株式会社

赤姫

「新薄雪物語」の薄雪姫。お姫様役は、赤い着物を着ることが多いことから「赤姫」といわれる。　© 松竹株式会社

後見・黒衣

役者の衣装がえなどの手伝いをしたり、小道具の出し入れをさりげなくする役割の人を後見といいます。後見の中で、黒装束を着て舞台に出て、つくりもののチョウや鳥などを動かすなどの役割をする人を黒衣といいます。観客は、黒衣が舞台上に見えていても、いないものとして芝居を見るのが約束ごとです。後見は、役者の弟子などが務めます。

舞台上でつくりものを動かす黒衣。　© 松竹株式会社

時代物と世話物

歌舞伎の演目は、大きく分けて「時代物」と「世話物」に分類されます。「時代物」は、設定を江戸時代よりも古い時代にして、主に武家社会をえがく作品です。「世話物」は、江戸時代の人から見て現在の事件などをあつかった作品です。

このほかに、明治時代半ば以降に作家が書いた演目を新歌舞伎、第二次世界大戦後に書かれた演目を新作歌舞伎といいます。

ミニ情報　「千両役者」とは、歌舞伎から出た言葉で、芸や風格がともにすぐれた役者をさす。江戸時代に、興行主との専属契約を千両（現在の価値で１億円ともいう）でしていた役者がいたことから。

歌舞伎の演出を探検！

歌舞伎には、独特の化粧や表現のしかたがあります。また、演目の内容にあった音楽が演奏されます。

くまどり

地色をぬった顔に、筆で線を引き、指で片側へぼかす化粧法で、さまざまな性格や役柄を示しています。大きく50種類ほどに分けられます。赤い線は、おこったときにうき出る血管を表しているとされます。

一本ぐま：力強いが暴れん坊の役に用いる。

むきみぐま：若く、正義感ある役に用いる。

代赭ぐま：茶色を使い、幽霊や鬼などの役に用いる。

藍ぐま：不気味さや邪悪さがある役に用いる。

すじぐま：激しいいかりをいだく勇者の役に用いる。

見得と六方

歌舞伎には、観客の目を引きつける独特の表現のしかたがあります。見得や六方とよばれる表現は、歌舞伎の見せどころです。

見得

感情が高まった場面などで、頭を回すと同時にうでや足をふみ出すなどの大きな動作をしたあと、動きをいっしゅん止めてポーズをとります。動きを止めることで、観客の注目を集めます。見得には、さまざまな種類があります。

© 松竹株式会社

六方

歩く芸の代表です。六法とも書きます。右手と右足、左手と左足を同時に出し、力強く大きく動かして歩き方を大きく見せます。

© 松竹株式会社

立ち回り

一人の人物に大勢でき りかかる戦いの場面を、激しくきり合うのではなく、流れるような様式で演じます。主役が途中で見得をすることもあります。「タテ」ともいいます。

ミニ情報 歌舞伎役者は、どんな役でも必ず化粧をする。化粧をする係はおらず、開演前に楽屋で役者が自分でおしろいをぬるなどの化粧をする。

音楽

歌舞伎の音楽は、三味線を中心として演奏されます。歌舞伎が行われるようになった江戸時代、当時新しい楽器だった三味線をとり入れることで、新しい演劇としての雰囲気を出していました。

長唄

歌舞伎音楽のほとんどに用いられます。通常は、黒御簾（→39ページ）の中で演奏します。舞踊（おどり）のときは舞台上のひな壇に並び、唄と三味線が上段の左右、はやし方（笛、小鼓、大鼓、太鼓）が下段に並びます。

© 松竹株式会社

竹本

浄瑠璃の演目を演じる作品（義太夫狂言という）では、義太夫節の語りと太ざおの三味線（低音）が入ります。歌舞伎では、これを「竹本」とよびます。登場人物の動きや心情を伝えるもので、ナレーションの役割をしています。

© 松竹株式会社

常磐津

浄瑠璃を語る太夫と三味線の演奏で構成されます。江戸時代後期に、豊後節から派生した江戸浄瑠璃です。舞踊（おどり）の伴奏のほか、芝居の背景に流れる音楽としても使われます。ゆったりして、重々しい特ちょうがあります。常磐津の演奏者は、舞台には柿色のかみしもをつけて並びます。

© 松竹株式会社

清元

江戸浄瑠璃のひとつで、三味線の伴奏と太夫の語りで構成されます。清元節ともいいます。情緒豊かな語りを高音の裏声で語る点などが特ちょうで、男女の恋の場面の背景に流れる音楽などとして使われます。演奏者は、舞台に緑色のかみしもをつけて並びます。

© 松竹株式会社

ミニ情報 三味線は、安土桃山時代に、琉球（沖縄）からポルトガル船で運ばれた三線がもと。このとき、楽器だけが伝わったため、へびの皮を犬やねこの皮に変え、独自の三味線の奏法が生まれた。

歌舞伎の舞台を探検！

歌舞伎が演じられる舞台には、観客を楽しませる工夫やしかけがいろいろあります。

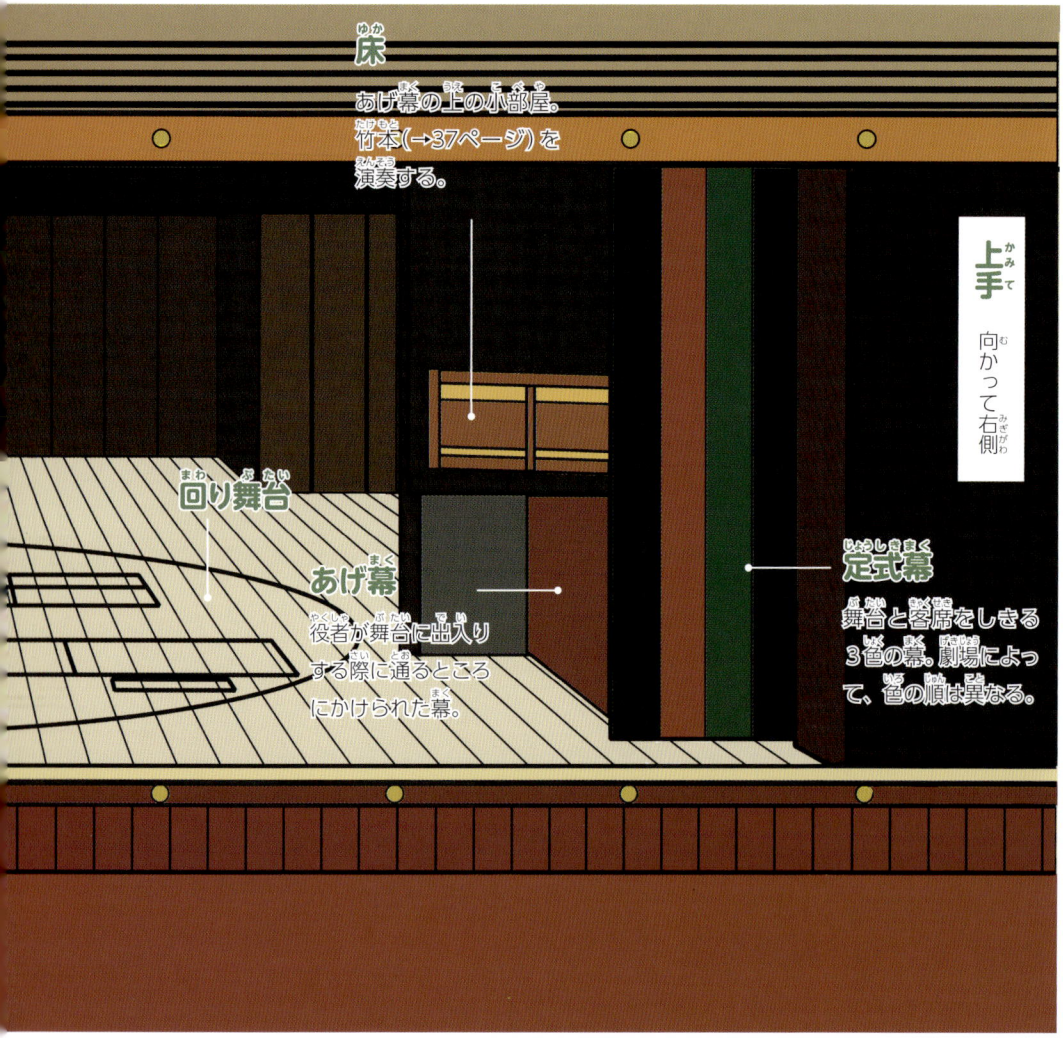

回り舞台

舞台中央に円形に切られた部分。舞台装置や役者をのせたまま回転させることができます。すばやく場面の転かんができるほか、2つの場面を交互に見せることもできます(「行って来い」という)。作者の並木正三が考案した、世界初の舞台技術です。

せり

舞台上にある、四角く切られた部分。上下に動くようにつくられています。舞台の下から急に役者が現れたり、舞台の下へ消えたりする演出に使われます。せりを使って大がかりな舞台装置を舞台上に出したりすることもあります。

ミニ情報 歌舞伎の舞台にある工夫は、江戸時代に観客を引きつけるために考えられたもの。当時は人力で動かしていたものを現在は電力で動かすといったちがいはあるが、基本的には変わっていない。

下手　向かって左側

黒御簾
下手にある部屋。すだれがかかっている。この中で音楽の演奏などが行われる。

せり

すっぽん

花道

奈落
舞台や花道の地下。

花道

舞台の下手側から客席にのびている細長い廊下のような場所で、舞台の一部として使われます。演目にあわせて、山道や御殿の通り道など、さまざまな設定で使われます。役者が客席の間を通るので、観客は役者を近くに見ることができ、盛り上がります。

すっぽん

花道にあるせり。舞台から三分(10分の3)の位置につくられています。亡霊や動物など、人間ではないものが現れたり消えたりします。その様子を、すっぽん(かめの一種)が首をこうらに出し入れする様子に見立てたよび方です。

ミニ情報　歌舞伎衣装の小忌衣は、長いすそがあり、大きなえりと胸の丸いかざりひもがついている上着。これは、現実にあった着物ではなく、高貴な人の衣装はこうだろうという想像でつくられた着物。

歌舞伎を鑑賞しよう！

歌舞伎には人気の高い演目がたくさんあります。とくに有名な演目を紹介します。

勧進帳

兄・源頼朝に追われる身となった義経は、家来の弁慶らとともに山伏に変装して都からにげ落ちますが、途中の関所で厳しい取り調べを受けます。勧進帳（寄付をたのむ趣意書）を読めといわれた弁慶は、白紙の巻き物を読みます。さらに主君である義経をつえでたたき、ようやく関所を通ります。

弁慶は、最後に飛び六方をするなど、見せ場の多い豪快な役どころ。弁慶を演じる役者は、はっきりしたせりふ回しはもちろん、舞踊（おどり）の技術も必要とされる。

© 松竹株式会社

京鹿子娘道成寺

道成寺の鐘の中ににげた男を鐘ごと焼き殺したという清姫の伝説をもとにした演目。鐘供養の日に現れた白拍子（歌って舞う芸を見せる女性）の花子が、色とりどりの衣装でさまざまなおどりを見せたあと、へびの本性を現して鐘の上から僧たちを見下ろします。

恋する娘の切ない心持ちを、あざやかな舞いで表現する。

© 松竹株式会社

ミニ情報　歌舞伎役者には、役者名と別に屋号がある。市川團十郎家は成田屋、尾上菊五郎家は音羽屋などと決まっている。歌舞伎で客席から役者にかけ声をかけるときは、屋号でかける。

仮名手本忠臣蔵

江戸時代前期に起こった赤穂事件を題材にしています。江戸城内で吉良上野介にきりつけ、切腹を命じられた主君・浅野内匠頭のかたきをうった大石内蔵助ら義士の話を、時代をさかのぼらせて構成している時代物で、室町時代のできごととして上演します。人形浄瑠璃の脚本として書かれた話を歌舞伎でも演じるようになったものです。

あだうちの志半ばで死んでいく忠臣の姿もえがかれる。

© 松竹株式会社

青砥稿花紅彩画（白浪五人男）

「白浪」は盗賊のことで、5人の盗賊が登場します。物語の最後で、追いつめられた盗賊たちが土手に集まり名乗りをあげます。五人の男が並んで長ゼリフをいう場面は名場面。また、若い娘に変装していた盗賊の弁天小僧が正体を現すときにいう「知らざあ言ってきかせやしょう」で始まるせりふはよく知られています。「弁天娘女男白浪」ともいわれます。

5人の男が勢ぞろいして並ぶ「稲瀬川勢揃」の場。さまざまな歌舞伎の演目の中でも最も有名な場面のひとつ。

© 松竹株式会社

ミニ情報　19世紀初めに、四世鶴屋南北が歌舞伎作家として活やくし、「東海道四谷怪談」などを書いて人気となった。江戸時代末期から明治時代にかけては「青砥稿花紅彩画」の作者河竹黙阿弥が活やくした。

義経千本桜

源平の合戦で手柄を立てたものの、追われる身になった源義経に、死んだはずの平家の武将、平知盛ら3人が復しゅうをちかいます。また、義経を思う静御前と親をしたう子ぎつねもえがかれます。

はなやかなおどりの場面や武将たちの勇ましい場面など、見どころが多い。

© 松竹株式会社

曽根崎心中

さまざまな事情から死ななければならなくなった男女の物語です。浄瑠璃の台本作家の近松門左衛門（→44ページ）が原作を書きました。江戸時代に数回上演されてからはほとんど上演されていませんでしたが、1953（昭和28）年に、新しい台本で上演され、以来たびたび上演されています。

この世では結ばれないと、死を選んだお初と徳兵衛の物語。

© 松竹株式会社

ミニ情報 歌舞伎には、犬、ねこ、牛、馬、いのししなど、さまざまな動物が登場する。イノシシなどは役者が着ぐるみを着て演じる。馬のように大きい動物は、ふたりで前足と後ろ足になることもある。

東海道四谷怪談

夫の民谷伊右衛門の悪行のために、顔が変わり、ついにはうらみを残して死んでいったお岩が、幽霊となって現れ、伊右衛門をなやませます。毒を飲まされたお岩が髪をすくと、次々に髪の毛がぬけていく場面や、戸板にはりつけられた死体など、恐怖の演出が取り入れられています。

お岩の亡霊が仏壇の後ろから現れ、伊右衛門の友人を仏壇の中に引きこむなどのしかけで観客の恐怖をあおる。

© 松竹株式会社

ヤマトタケル

神話に登場する英雄、ヤマトタケルの半生をドラマにした演目です。哲学者の梅原猛が書き下ろした作品で、1986(昭和61)年に初めて演じられました。伝統的な歌舞伎に新しい演出を加えたことで、「スーパー歌舞伎」とよばれています。「ヤマトタケル」では、はでな立ち回り、宙乗りなどの舞台装置、きらびやかな衣装、打楽器を用いた現代音楽などが取り入れられています。

父の帝のいかりをかったヤマトタケルがクマソやエミシをうつ旅に出る。

© 松竹株式会社

観客の心をつかむ現代風の演出が、いろいろととり入れられている。ごうかな衣装を着た役者の宙乗りは見どころのひとつ。

© 松竹株式会社

ミニ情報 役者が宙にうく「宙乗り」は、派手な演出のひとつ。現在はワイヤーで役者をつって動かすが、江戸時代は、つなでつり上げた役者を天井にいる人が動かしていた。

おまけの探検

文楽

文楽は人形浄瑠璃ともいい、太夫、三味線（三味線ひき）、人形つかいの3者が一体となって物語を演じます。1体の人形を3人で動かすという、世界でも例のない演劇です。

【人形浄瑠璃文楽『義経千本桜』】 国立劇場蔵

文楽の歴史

室町時代に、牛若丸（源平合戦で活やくした源義経の幼名）と浄瑠璃姫の恋愛物語が、琵琶の演奏などで演じられる浄瑠璃節が人気でした。これが、後に日本に入ってきた三味線で伴奏されるようになり、江戸時代初期に人形あやつりと結びついて人形浄瑠璃が生まれました。

17世紀末から18世紀初めの元禄時代に、義太夫節の竹本義太夫と近松門左衛門の台本によって人気が高まりました。

江戸時代後期に、おとろえていた人形浄瑠璃を復興した植村文楽軒の名前から、「文楽」とよばれるようになりました。

竹本義太夫

1651～1714年。江戸時代中期に、義太夫節という浄瑠璃を始め、活やくした太夫（語りの役目）です。大阪に竹本座をおこし、近松門左衛門が書いた作品を多く語りました。中でも「曽根崎心中」は高く評価されました。

近松門左衛門

1653～1724年。元禄時代を代表する人形浄瑠璃と歌舞伎の台本作者です。上方（大阪・京都）で活やくし、数々の名作を送り出しました。元禄時代以前の歌舞伎では俳優が作者をかねていましたが、近松から作者の専門化が進みました。

文楽と歌舞伎

人形浄瑠璃用に書かれた台本は、歌舞伎でも演じられました。歌舞伎の三大名作といわれる「義経千本桜」、「仮名手本忠臣蔵」、「菅原伝授手習鑑」は、どれももともと人形浄瑠璃のために書かれた作品でした。

ミニ情報

文楽の「菅原伝授手習鑑」、「義経千本桜」、「仮名手本忠臣蔵」は、いずれも18世紀半ばにつくられた作品。文楽の三大名作とされ、現在も人気が高い。

文楽を演じる人

文楽は、語り手である太夫と三味線、人形つかいの三者を三業とよびます。

三味線

さまざまな音色で情景や心情を表現します。太夫のパートナーとして、語りを補い、助け、物語を演出する役割を果たします(写真向かって右)。

【人形浄瑠璃文楽『心中宵庚申』】 国立劇場蔵

太夫

場面の説明や人物のせりふなど、物語のすべてをひとりで語ります。物語にえがかれる情景や人物の感情を、聞き手にありありと伝えます(写真向かって左)。

人形つかい

1体の人形を主づかい、左づかい、足づかいの3人であやつります。3人であやつることで、より動きが生き生きとします。大きく体をそらすなど、人形ならではの動きもでき、物語を豊かに表現できます。

国立劇場蔵

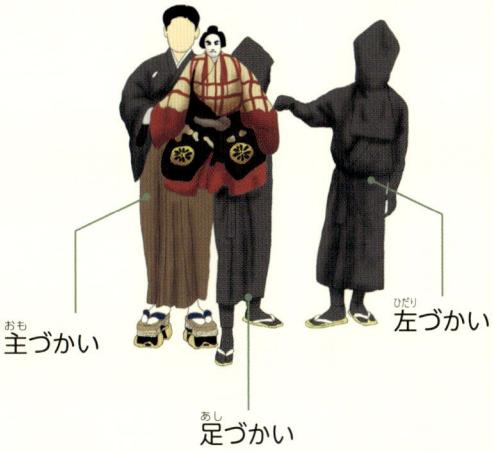

文楽の舞台

客席から見て右側が上手、左側が下手です。上手と下手に下がっている小幕から人形が出入りします。上手の舞台の手前に、客席へななめにつき出た床があり、太夫と三味線がここに座って語り、演奏します。

小幕

舞台の左右に下がっている幕で、ここから人形が舞台に出入りする。

屋体

家や店などの建物に見立てたつくりものや、背景をえがいた装置など。

床

太夫と三味線が並んで座る。上手側にあり、舞台とは少しはなれている。

ミニ情報 太夫と三味線が登場したあと、黒ずくめの衣装の人形つかいが出てきて、作品名、太夫と三味線の名前を紹介する。人形つかいの名前は紹介されない。

年表 能・狂言・歌舞伎

年代	700	800	900	1000	1100	1200
時代	飛鳥	奈良	平安			鎌倉
主なできごと	都が平城京にうつされる	都が平安京にうつされる				鎌倉幕府が開かれる
能		8世紀 中国から「散楽」が伝わる。	9世紀 散楽から「猿楽」がおこる。		11世紀 田植えなどの際におどる田楽がさかんになる。	
狂言			9世紀 散楽から「猿楽」がおこる。			
歌舞伎						

田楽

田中有美 編『年中行事絵巻考』巻9, 田中文庫, 大正9. 国立国会図書館デジタルコレクション https://dl.ndl.go.jp/pid/966671 (参照 2025-02-18)

ミニ情報 1966年に、歌舞伎、文楽などを上演する国立劇場が開場した。その後、1983年に能楽（能、狂言）を上演する国立能楽堂が、1984年に文楽を中心に上方芸能を上演する国立文楽劇場が開場した。

2000 1900 1800 1700 1600 1500 1400 1300

令和 平成 昭和 大正 明治 江戸 安土桃山 戦国 室町 南北朝

太平洋戦争 ペリー来航 明治維新 江戸幕府が開かれる 応仁の乱 室町幕府が開かれる

13世紀 猿楽を演じる集団(座)が各地に生まれる。

1374ごろ 観阿弥が猿楽や田楽から能を大成する。

1400ごろ 世阿弥が『風姿花伝』を著す。

16世紀末期 豊臣秀吉が能を保護する。

17世紀前半 能が武士の芸能とされ、幕府や大名の保護を受ける。

18世紀ごろ 能の謡の本が出版されるようになる。

18世紀ごろ 寺子屋で謡が教えられる。

19世紀後半 「猿楽」から「能」によび名がかわる。

2008 ユネスコの無形文化遺産に登録される。

14世紀 狂言が独立した芸能となり、能とともに演じられるようになる。

16世紀末期 豊臣秀吉が狂言を保護する。

17世紀前半 能とともに、幕府や大名の保護を受ける。

17世紀後半〜18世紀前半 狂言の読み物『狂言記』が出版される。

19世紀後半 幕府などの保護を失う。

1950年ごろ 狂言が見直され、狂言ブームがおこる。

2008 ユネスコの無形文化遺産に登録される。

写真提供：@KYOTOMUSE（京都国立博物館）

1603 出雲阿国の「かぶきおどり」が評判になる。

17世紀半ば 野郎歌舞伎がおこる。

1718 江戸に屋根つきの歌舞伎舞台が許可される。

19世紀前半 江戸の歌舞伎が全盛期となる。

1889 歌舞伎座が建てられる。

1966 国立劇場が建てられる。

2008 ユネスコの無形文化遺産に登録される。

ミニ情報 無形文化遺産とは、世界の伝統芸能などの保護を目的としてユネスコが採択する。日本では、能楽(能、狂言)、歌舞伎、文楽のほか、雅楽、早池峰神楽、アイヌ古式舞踊、風流踊などが登録されている。

さくいん

あ行

藍ぐま……36
葵上……18
青砥稿花紅彩画……41
赤頭……13
赤姫……35
あげ幕……11、38
敦盛……18
アド……26
後座……10
荒事……33
和泉流……29
出雲阿国……32、47
『伊勢物語』……8、19
市川團十郎……33
一の松……11
一場物……17
市松模様……33
井筒……19
一本ぐま……36
稲瀬川勢揃……41
植村文楽軒……44
うそふき……29
謡……15、47
靭猿……25、27
梅原猛……43
瓜盗人……29
大口……13
大蔵流……29
大癋見……12
翁……11、13、17
翁扇……13
乙御前……29
小忌衣……39
女形……35

か行

鏡板……10
鏡の間……11
柿山伏……28
『花鏡』……14
蚊相撲……28
敵役……34
仮名手本忠臣蔵……34、41、44
仮髪……13
かぶきおどり……32、47
歌舞伎座……47
狩衣……13
河竹黙阿弥……41
観阿弥……6、15、22、47
勧進帳……40
観世流……15
『義経記』……8
きざはし……10
北野神社……32
喜多流……15
京鹿子娘道成寺……40
『狂言記』……47
清元……37
くまどり……36
黒衣……35
黒御簾……39
現在能……7、8
『源氏物語』……8、18
賢徳……29
後見……9、35
後見柱……10
小面……12
『古今和歌集』……19
黒式尉……12
国立劇場……46、47
国立能楽堂……46
国立文楽劇場……46
小尉……12
五番立……8
小幕……45
金剛流……15
『今昔物語集』……8
金春流……15

さ行

座……7、47
坂田藤十郎……33
鷺流……29
佐野川市松……33
猿楽……6、7、14、22、46
散楽……6、14、46
三業……45
三線……37
三の松……11
三番叟……17
三枚目……34
地謡……7、9、10
地謡座……10
時代物……35
シテ……9、11、16、26
シテ方……8、9
仕手柱……10
芝居小屋……33
三味線……37、44、45
三味線ひき……44
主……24
修羅扇……13
尉扇……13
定式幕……38
装束……13
浄瑠璃……33
序・破・急……14
白州……10
白浪五人男……41
次郎冠者……24
新皿屋舗月雨暈……35
菅原伝授手習鑑……44
助六由縁江戸桜……34
すじぐま……36
すっぽん……39
隅田川……17
世阿弥……6、14、15、22、47
せり……38
世話物……35
千両役者……35
曽根崎心中……42、44

た行

代赭ぐま……36
高砂……19
高安流……16
薪能……11
竹本……37
竹本義太夫……44
立ち回り……36
立役……34
立女形……35
太夫……45
太郎冠者……23、24、27
近松門左衛門……33、44
宙乗り……43
土蜘蛛……12
釣狐……25
鶴屋南北……41
ツレ……9
寺子屋……15、47
田楽……6、7、14、46
天冠……13
東海道四谷怪談……41、43
道成寺……16
常磐津……37
豊臣秀吉……47

な行

長唄……37
奈落……39
雷神不動北山桜……34
二の松……11
二場物……17
二枚目……34
女房……35
人形浄瑠璃……44
人形つかい……44、45
能楽……22
能楽堂……10
能舞台……10
能面……12

は行

白式尉……12
羽衣……16
橋がかり……11
花道……39
はやし方……6、9、10
般若……12
美男かずら……28
ひらかな盛衰記　逆櫓……34
武悪……29
『風姿花伝』……5、14、15、47
笛柱……10
福王流……16
福の神……27
老け役……34
附子……26
『平家物語』……8
弁慶格子柄……33
弁天娘女男白浪……41
棒縛……21、26
宝生流……15、16
本舞台……10

ま行

回り舞台……38
見得……36
御簾内……45
むきみぐま……36
無形文化遺産……19、47
夢幻能……7、8、14
目付柱……11
物見窓……11

や行

役者絵……33
屋号……40
屋体……45
大和猿楽……15
ヤマトタケル……43
野郎歌舞伎……33、47
幽玄……7、14
幽玄の美……7、15
床……45
芳澤あやめ……33
義経千本桜……42、44

ら行

六方……36

わ行

若女形……35
若衆歌舞伎……32
若衆役……34
輪冠……12
ワキ……9
ワキ方……8、16
脇柱……10
和事……33

参考文献

稲田和浩・著『日本文化論序説』彩流社
大修館書店編集部・編『社会人のためのビジュアルカラー国語百科』大修館書店
『改訂新版　最新国語便覧』浜島書店
足立直子ほか・監修『プレミアムカラー国語便覧』数研出版
加藤康子・監修『日本の古典大事典』あかね書房
三隅治雄『ポプラディア情報館　伝統芸能』ポプラ社
中村雅之・著『日本の伝統芸能を楽しむ　能・狂言』偕成社
矢内賢二・著『日本の伝統芸能を楽しむ　歌舞伎』偕成社
岩崎和子・著『日本の伝統芸能を楽しむ　文楽』偕成社
児玉信・著『日本の伝統芸能２　能と狂言』小峰書店
三浦裕子・著『面白いほどよくわかる能・狂言』日本文芸社
『ニッポンの伝統芸能　能・狂言・歌舞伎・文楽』枻出版社
野上記念法政大学能楽研究所・監修『大研究　能と狂言の図鑑』国土社
三浦裕子・監修『みれてみよう！　伝統芸能　狂言ってなんだ!?』ほるぷ出版
小田幸子・監修『マンガでわかる能・狂言』誠文堂新光社
『歌舞伎事典』平凡社
藤田洋・著『歌舞伎の事典　演目ガイド181選』新星出版社
漆澤その子・著『イチから知りたい　日本のすごい伝統文化　絵で見て楽しい！　はじめての歌舞伎』すばる舎
ほか

監修　文京学院大学外国語学部非常勤講師　稲田和浩（日本文化論、芸術学）
編集協力　有限会社大悠社
表紙写真　PIXTA
表紙デザイン　株式会社キガミッツ
本文デザイン　中トミデザイン
イラスト　森永みぐ、渡辺潔

いっしょに探検！　日本の伝統文化と芸術（全4巻）
❸能・狂言・歌舞伎を探検！

2025年4月　初版発行
発行者　岩本邦宏
発行所　株式会社教育画劇
〒151-0051 東京都渋谷区千駄ヶ谷5-17-15
TEL：03-3341-3400
FAX：03-3341-8365
https://www.kyouikugageki.co.jp
印刷　株式会社あかね印刷工芸社
製本　大村製本株式会社

48P NDC770 ISBN978-4-7746-2349-8
（全4冊セット ISBN978-4-7746-3327-5）

Published by Kyouikugageki, inc., Printed in Japan
本書の無断転写・複製・転載を禁じます。乱丁、落丁本はお取り替えいたします。